兒童性教育啟蒙故事

別碰！這是我的身體

湖心 著

新雅文化事業有限公司
www.sunya.com.hk

人物介紹

小猛獁

甜甜

開朗爽快，充滿運動細胞。

劉小朗

做事認真，熱愛學習。

小薪

性格爽朗，做事粗心大意。

小魚兒

性格小心謹慎。

瑤瑤

可愛恬靜，害羞，
容易臉紅。

核桃、芝麻

調皮搗蛋，好奇心強，

寶森

逗趣，幽默，是班裏的
開心果，很會關心照顧人。

炎熱的夏天到了，
同學們期待已久的游泳
課終於開始了。今天是
他們第一次上課，大家
都很興奮。

「現在大家先去更衣室換泳衣，然後到這裏集合，我們要先做做熱身運動才能下水哦。」小猛獁請大家別着急。

男孩和女孩站好兩個隊伍，分別走進了男更衣室和女更衣室

猛獁

游泳館

可沒一會兒，只見從男更衣室裏
躥出來一個光溜溜的身影，飛快地跑
到泳池邊，撲通一下跳進水裏，濺得
到處都是水花。

「天呀！是哪個淘氣鬼？竟然光着身體跑出來！」

小猛獁立刻吹起哨子，可泳池裏的小傢伙似乎沒有聽到。在水中他靈活得像條小魚，過了好一會兒，才把小腦袋露出水面，原來這個淘氣鬼是小薪。

「嗨！小薪，你趕緊穿上泳褲！」小猛獁一邊嚴肅地說，一邊用長長的鼻子把小薪從水裏「撈」了出來。

　　「好吧。」小薪很不情願地穿上了泳褲。

這時，同學們都陸陸續續換好了泳衣，在泳池邊排隊。

「好，看來，你們已經學會游泳前最關鍵的一課了！做得非常好！」小猛獁誇獎着大家。

寶森和劉小朗很不解，齊聲問道：「什麼是最關鍵的一課？小猛獁你還沒教我們呢！」

甜甜也好奇地問：「那是什麼課呀？」

「哈哈，別着急！你們先看看自己，是不是每個人都換好了泳衣？」

「是——」大家異口同聲地回答。

「我們每個人的身體都非常珍貴，特別是被泳衣遮蓋着的部位。這些部位就叫作身體的私隱部位。在公共場所，我們一定要注意保護自己的私隱部位。」

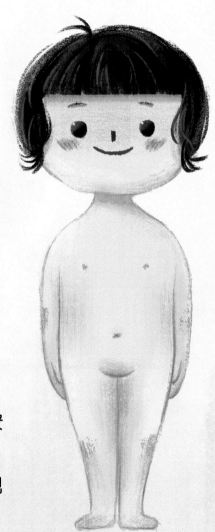

一邊說着，小猛獁按了按手錶上的幾個鍵。只聽「咻」的一聲，游泳館的牆壁上出現了兩張投影圖片。

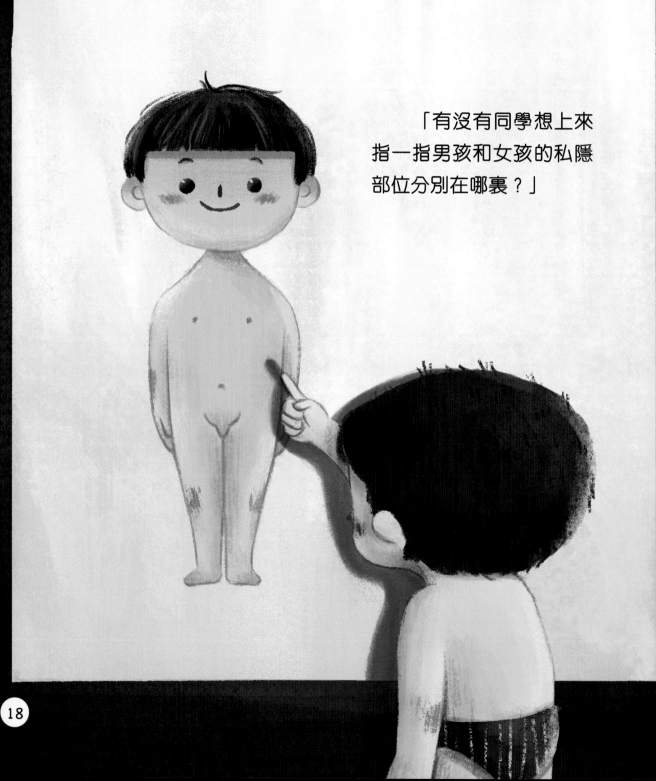

「有沒有同學想上來
指一指男孩和女孩的私隱
部位分別在哪裏？」

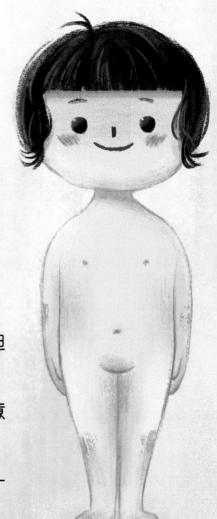

「我來，我來！」寶森迫不及待地舉起手。

小猛獁朝他點點頭，示意他到圖片前來。

「這裏，這裏。」寶森一邊說，一邊用手比劃着。

「非常好！我們一起幫他們保護好身體的私隱部位。」

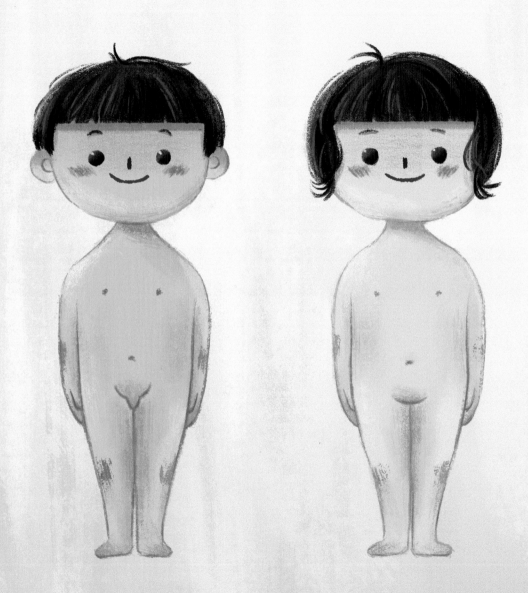

小猛獁接着又按了一下手錶，又聽「咻」的一聲，投影圖片上的男孩和女孩分別穿上了整齊的泳衣。

「泳衣遮蓋的地方就是私隱部位。在公共場所，要把這些私隱部位嚴嚴實實地遮住，這不僅僅是對我們身體的保護，也是對別人的尊重！」小猛獁接着說。

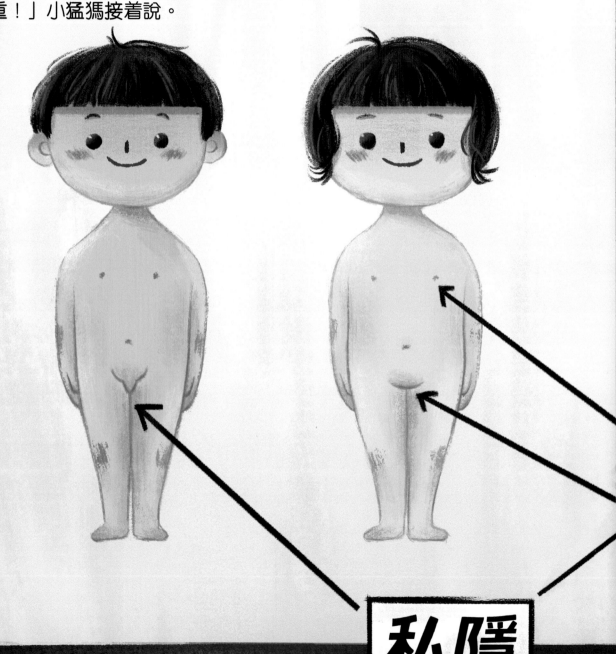

私隱

「如果你真的想光着身體游泳，那你要有一個私人泳池呢！」

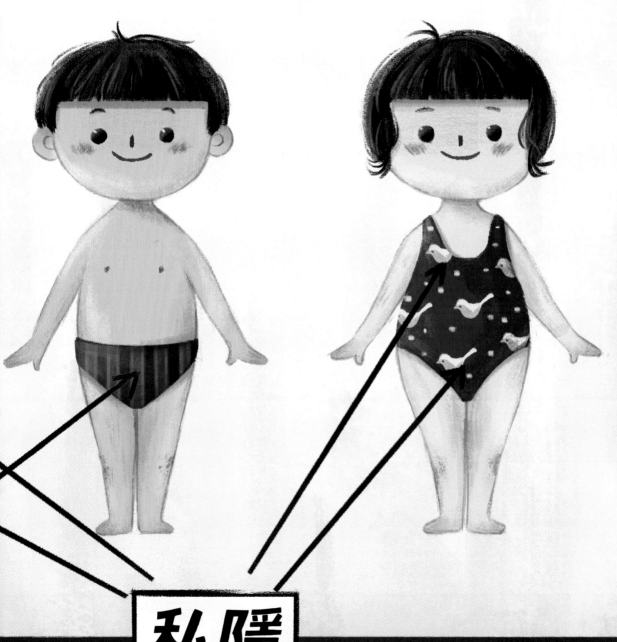

私隱

同學們都留心地聽着，只有小薪感覺臉又紅又燙，
他現在才知道自己剛才的行為是多麼可笑！

接下來，小猛獁帶着大家做熱身運動。伸伸胳膊，踢踢腿，扭扭脖子，轉轉腰，這樣才能舒展筋骨，放鬆肌肉，讓身體提前做好劇烈運動的準備。

「好！不會游泳的同學帶好救生圈，聽我的口令，一個一個往下跳！」小猛獁在隊伍前喊着口令。

　　「撲通、撲通、撲通、撲通……」

　　大家一個個跳進水裏，水不深，不及肩膀，腳還可以踩到池底。

「好，大家先自由活動十分鐘。」小猛獁一聲令下，
同學們興奮極了，像一羣自由的小魚兒，不停地在水裏
穿梭、嬉戲。他們奮力地用雙手拍打着水面，用雙腿蹬
着、踢着，比試着誰製造的水花更大。

突然，泳池裏傳來了爭吵聲。只見，甜甜氣鼓鼓地朝池邊游，核桃在後面緊緊地跟着，嘴裏好像還在嘀咕着什麼。

小猛獁趕緊跑過去，看看究竟發生了什麼：「甜甜，你怎麼了？」

「核桃在水裏故意朝我潑水，我不想和他玩了。」甜甜站在池邊生氣地說。

「我只是想和她開個玩笑，女孩子可真小氣！」核桃擦擦臉上的水，似乎有些不解。

「哼，他還拍我屁股，太討厭了！」甜甜一邊說，一邊扭過頭。

核桃做了個鬼臉，尷尬地笑了笑。

小猛獁嚴肅地對核桃說：「核桃，我覺得你應該向甜甜道歉。即使是開玩笑，也不能隨便觸碰別人的私隱部位。再說了，甜甜她不喜歡這個玩笑，所以你應該立即停下來，並向她道歉。」

「甜甜，對不起！我下次不會這樣了。你能原諒我嗎？」

「哼！」甜甜似乎還是有點生氣。

「讓我表演一個大猩猩把戲給你看，好不好？」

只見核桃猛地扎進水裏，
等到再浮出水面時，他真的變
成了「大猩猩」，還用雙手不
停地捶着胸口。

「哈哈，哈哈……」甜甜
終於被逗樂了。

游泳課在同學們的歡笑聲中快要結束了，下課前小猛獁把大家集合在泳池邊。

「剛才我們了解了什麼是私隱部位，現在我想告訴大家，我們的身體就像你的書包、你的糖果、你的房間一樣，是屬於自己的，不允許別人隨意碰它，即使是開玩笑也不行。如果有人要碰它，你可以大聲地制止他們說『別碰！這是我的私隱！』，然後跑開。如果他們還要繼續這麼做，記得要向大人求助！明白了嗎？」

「明白了——」同學們異口同聲地回答。

這真是一堂有趣又非常有意義的游泳課呀!

給家長的話

　　要讓孩子學會保護自己的身體，父母首先要尊重孩子對自己身體的擁有權，尊重孩子與成人接觸時的每一個「不」。這樣長大的孩子，會相信自己的感覺，不會容忍別人對自己的侵犯，也不會輕易成為受害者。

一、身體接觸的一般原則

1. 家長要告訴孩子，每個人的身體都是屬於自己的，應該被尊重。

2. 不能隨意接觸別人的身體，如果在接觸時別人表示反對，應該及時中止。

3. 不可接觸別人的私隱部位。

4. 除了父母、親近的照顧者和醫生以外，任何人都不能接觸自己的私隱部位。

5. 如果任何人的接觸讓孩子感到「不舒服」或「不對勁」時，即使是親友師長，孩子都有權要求中止。

二、讓孩子樹立私隱感

1. 人身體中有些部位比另一些部位更特殊，不宜暴露。

2. 有些事不適合當眾做，但可以在洗手間或自己的臥室做，如：上廁所、換衣服。

3. 男女有別，有些事情男、女要分開做。

4. 私隱並不等於不好。

兒童性教育啟蒙故事

別碰!這是我的身體

作　　者：湖心
繪　　圖：果子
責任編輯：黃花窗
美術設計：張思婷
出　　版：新雅文化事業有限公司
　　　　　香港英皇道499號北角工業大廈18樓
　　　　　電話：（852）2138 7998
　　　　　傳真：（852）2597 4003
　　　　　網址：http://www.sunya.com.hk
　　　　　電郵：marketing@sunya.com.hk
發　　行：香港聯合書刊物流有限公司
　　　　　香港荃灣德士古道220-248號荃灣工業中心16樓
　　　　　電話：（852）2150 2100
　　　　　傳真：（852）2407 3062
　　　　　電郵：info@suplogistics.com.hk
印　　刷：中華商務彩色印刷有限公司
　　　　　香港新界大埔汀麗路36號
版　　次：二〇二二年七月初版
　　　　　二〇二四年四月第二次印刷

ISBN : 978-962-08-8036-0
Traditional Chinese Edition © 2022 Sun Ya Publications (HK) Ltd.
18/F, North Point Industrial Building, 499 King's Road, Hong Kong
Published in Hong Kong SAR, China
Printed in China